gatto

kot

coniglio

królik

cane

pies

pulcino

kurczątko

anatra
kaczka

pecora

owca

capra
koza

maiale

świnia

asino

osioł

cavallo

koń

mucca

krowa

topo

mysz

pipistrello

nietoperz

ape

pszczoła

ragno

pająk

volpe

lis

cervo

jeleń

scoiattolo

wiewiórka

riccio

jeż

gufo

sowa

rana

żaba

serpente

wąż

procione

szop pracz

pappagallo

papuga

tucano

tukan

alligatore

aligator

tartaruga marina

żółw morski

fenicottero

flaming

pinguino

pingwin

granchio

krab

medusa

meduza

foca

foka

squalo

rekin

balena

wieloryb

orca

orka

stella marina

rozgwiazda

rinoceronte

nosorożec

panda

panda

scimmia

małpa

leone

lew

tigre

tygrys

elefante

słoń